Stufe 3

LeseLernWissen

Mumien

Robert Coupe

Xenos

Inhalt

Die alten Ägypter mumifizierten die Körper von Verstorbenen. Die Mumien blieben vor der Verwesung geschützt.

Gottkönige

Die Herrscher im alten Ägypten hießen Pharaonen. Die Menschen hielten die Pharaonen für Gottkönige. Sie glaubten, dass diese Herrscher Einfluss auf den Lauf des Nils und die Ernte hätten.

Ägypten

Ägypten liegt im Nordosten von Afrika. Der Nil ist ein Fluss, der nach Norden durch Ägypten fließt und ins Mittelmeer mündet.

Besucher knieten zu
Ehren des Pharaos
vor ihm nieder und
küssten den Boden.

Ägyptische Götter

Die alten Ägypter verehrten viele Götter. Sie glaubten, dass der Gott Horus das Land kontrolliere und hielten den Pharao für Horus in menschlicher Gestalt.

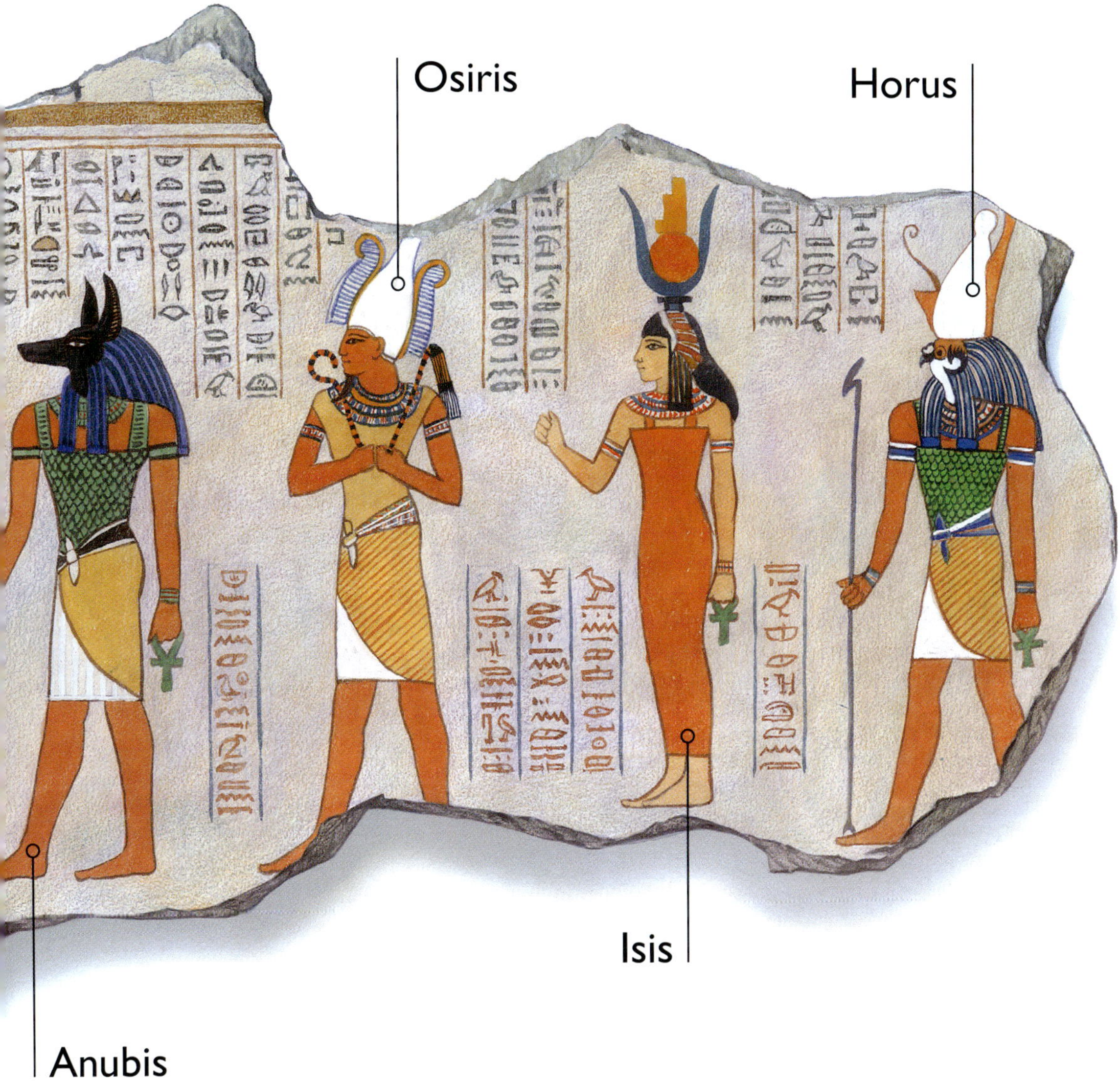

Auf diesem ägpytischen Wandgemälde sind einige Götter als Menschen mit Tierköpfen abgebildet. Horus hat einen Falkenkopf.

Leben nach dem Tod

Osiris war der ägyptische Totengott. Hatte ein Mensch ein gutes Leben geführt, so konnte seine Seele nach dem Tod mit Osiris im Jenseits leben.

Diese Malerei an der Wand einer Grabkammer wird „Buch der Toten“ genannt. Sie zeigt Götter, die einen toten Menschen zu dem rechts sitzenden Osiris führen.

Mumien

Die Seele eines Menschen konnte nur dann ewig leben, wenn sein Körper nicht verweste. Das glaubten die Ägypter fast 3000 Jahre lang und machten ihre Toten deshalb zu Mumien.

umwickelte Mumie mit Maske

Unterteil des äußeren Sarkophags

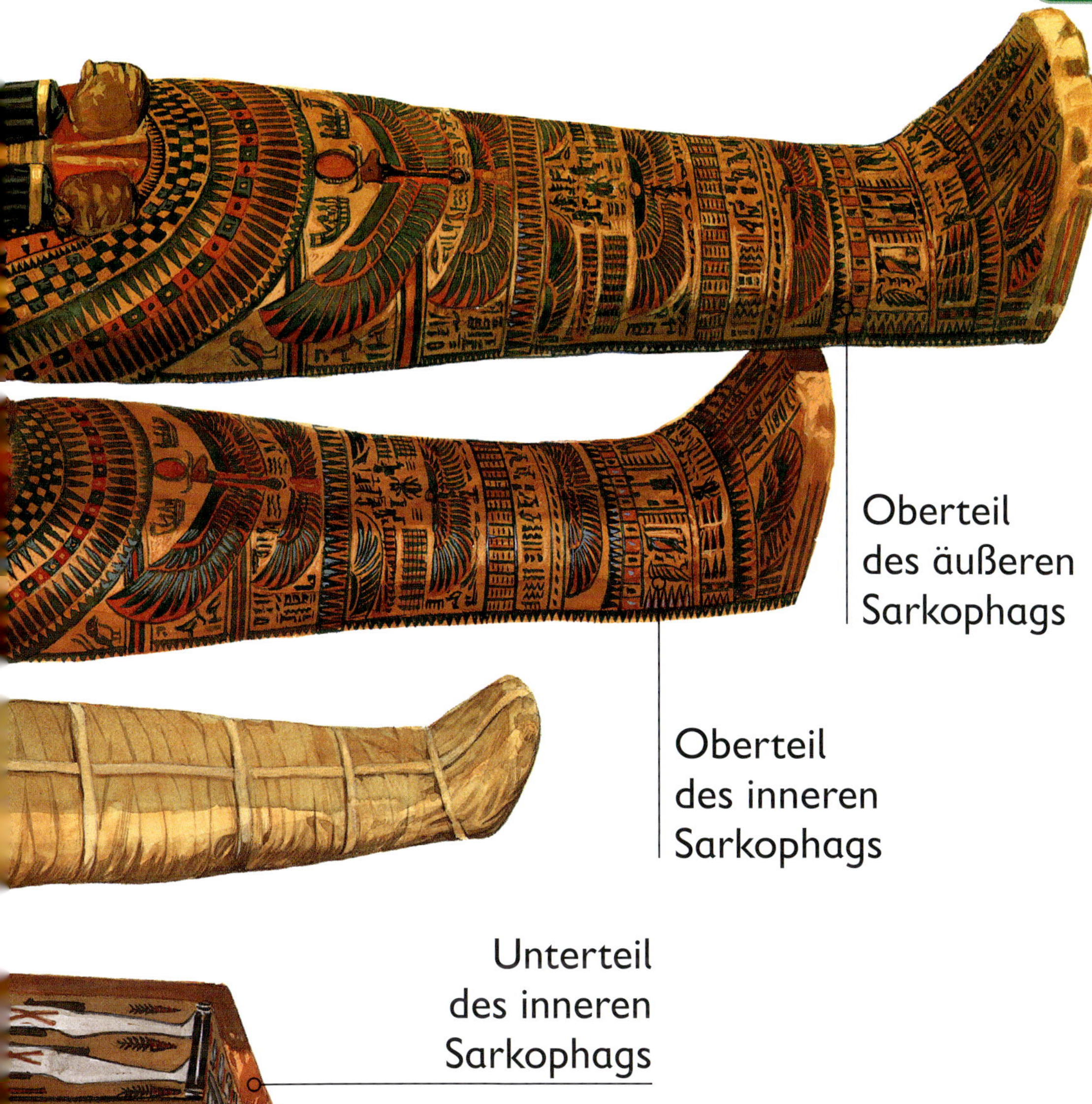

Die Mumien wurden in Leinenstoff gewickelt und dann in bemalte Särge aus Holz oder Pappmaschee gelegt. Diese Särge nennt man Sarkophage.

Eine Mumie entsteht

Der tote Körper wurde zuerst ausgetrocknet, damit er nicht verweste. Die Eingeweide wurden aus dem Körper herausgenommen. Man legte sie in eigene kleine Särge, die Kanopen heißen.

Katzenmumie

Manchmal wurden auch Katzen zu Mumien gemacht. Man beerdigte sie auf speziellen Tierfriedhöfen. Diese Katzen waren keine Haustiere, sondern Opfer an die Götter.

Ein Priester überwachte die Herstellung der Mumie. Er trug dabei eine Maske in Form eines Schakalkopfs zu Ehren des Gottes Anubis. Anubis war der Gott der Mumienherstellung.

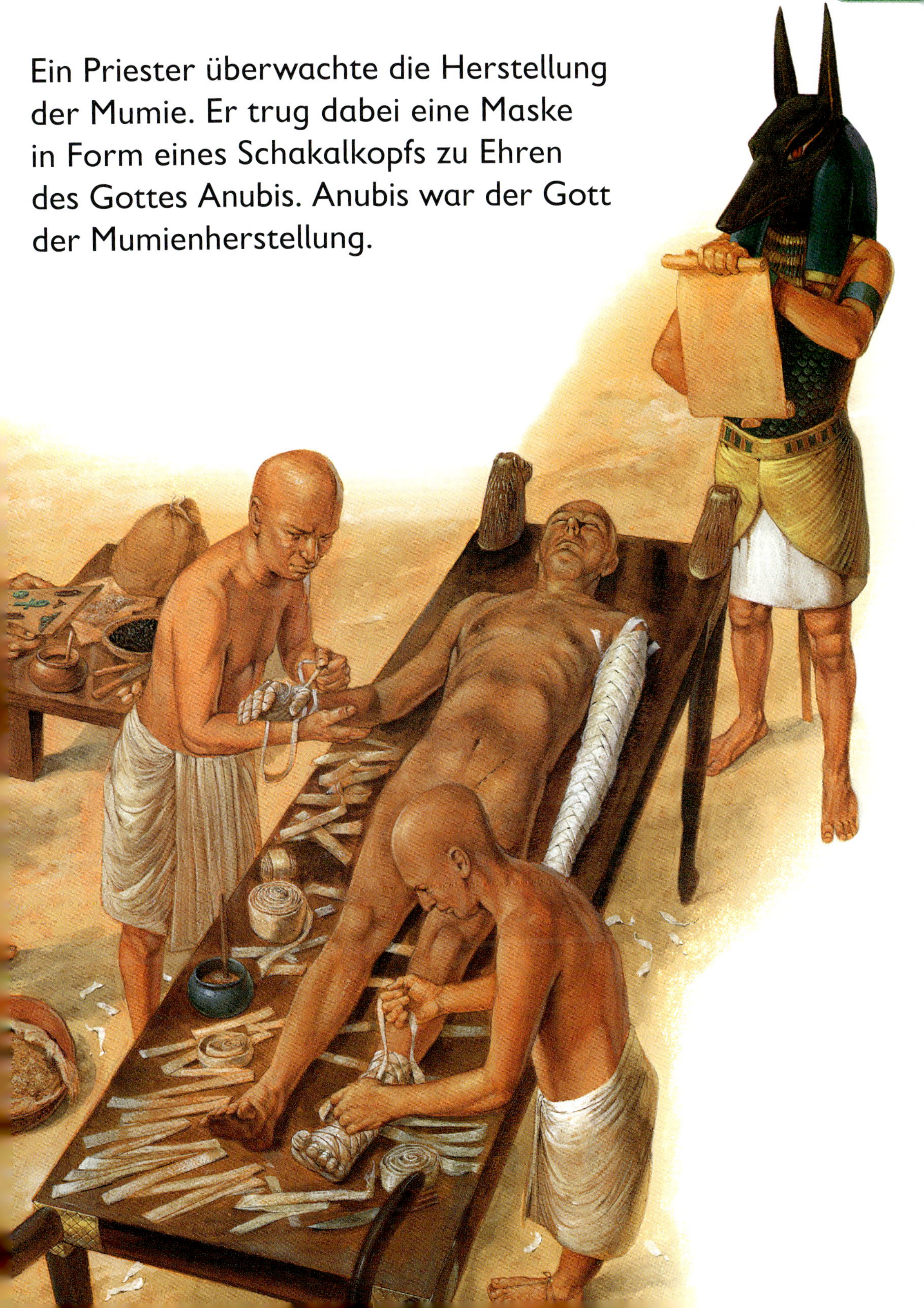

Mit der Mumie begraben

Die alten Ägypter stellten Schmuck aus Gold und bunten Steinen her. Wenn reiche Menschen starben, wurden ihr Schmuck und andere Besitztümer mit ihnen begraben. Man glaubte, dass sie diese Dinge im Jenseits benutzen könnten.

Infobox

In Ägypten gab es viel Gold. Die Goldminen lagen in der Wüste und im südlich gelegenen Nubien. Silber war seltener und deshalb teurer.

Der Pharao Tutanchamun trug dieses Amulett als Schutz gegen das Böse. Es wurde mit ihm begraben.

Pharaonenbegräbnis

Wenn ein Pharao begraben wurde, legte man die Sarkophage mit der Mumie auf einen großen Schlitten. Er wurde durch die Wüste zum Grabmal gezogen. Manche Grabmäler waren tief in die Felsen eingehauen.

Wenn der Schlitten am Ufer des Nils ankam, wurde er auf ein Boot gezogen und ans andere Ufer befördert.

Tiere wurden zum Grabmal mitgenommen und dort geopfert.

Trauergäste zogen den Schlitten mit der Mumie.

Infobox

Da Grabmäler oft ausgeraubt wurden, bestattete man die Pharaonen an geheimen Orten.

Tutanchamun

1922 entdeckte der britische Archäologe Howard Carter das Grab von Pharao Tutanchamun. Die Mumie war fast 3300 Jahre alt. Ihr Gesicht war mit einer goldenen Maske bedeckt.

Tutanchamun

Tutanchamun war etwa 19 Jahre alt, als er starb. Das Bild links zeigt das Gesicht seiner Mumie. Das andere Bild lässt vermuten, wie er zu Lebzeiten aussah.

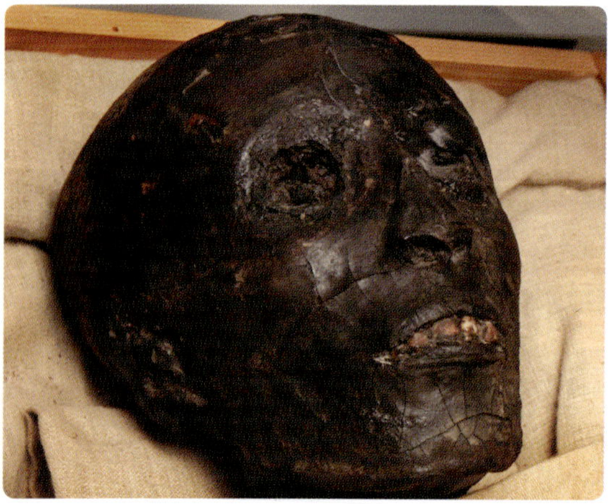

Mumie

lebender Mensch

Museen

Ägyptische Mumien und ihre Sarkophage sind in vielen Museen ausgestellt. Das Ägyptische Museum in Kairo zeigt Gegenstände aus dem Grab von Tutanchamun.

Königin Nofretete

Nofretete war die Frau von Echnaton, einem Pharao, der vor über 3000 Jahren lebte. Diese Statue von ihr steht in einem Museum in Berlin.

Kindermumien

1972 wurde im Nordwesten von Grönland ein Grab entdeckt. Darin lagen die gut erhaltenen Leichen von fünf Menschen: einem Baby, einem Jungen und drei Frauen.

Qilakitsoq, Grönland

Fundort

Die Leichen waren unter einem Felsen begraben. Dadurch waren sie vor Schnee und Regen geschützt. Das kalte und trockene Wetter bewahrte die Körper und die Kleidung vor dem Verfall.

Dies ist der mumifizierte Körper eines sechs Monate alten Babys. Es starb vor über 500 Jahren.

Der Tollundmann

1950 stachen zwei Männer in einem Moor in Dänemark Torf, als sie zufällig die Leiche eines Mannes fanden. Um seinen Hals hing ein Seil. Der Mann war vor über 2000 Jahren erhängt worden.

Fundort

In normaler Erde verwesen Leichen. Aber die Säure in manchen Moorböden verhindert dies. Es sind schon viele „Moorleichen“ gefunden worden.

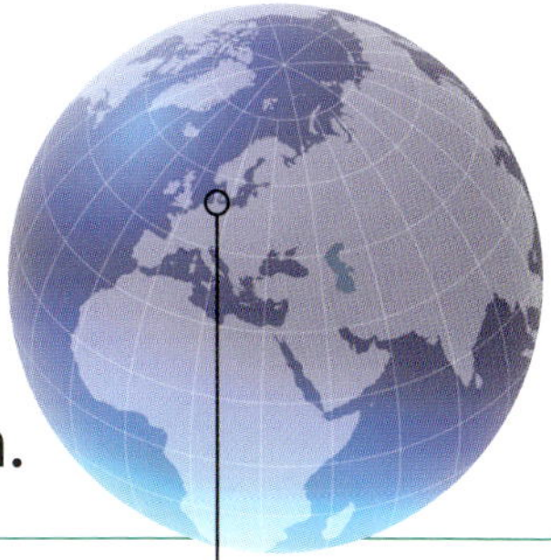

Tollund, Dänemark

Der Ötzi

Vor über 5000 Jahren erfror ein Mann hoch in den Ötztaler Alpen. Zwei Wanderer fanden 1991 seinen sehr gut erhaltenen Körper. Die Leiche war nicht verwest, weil sie vom Wind ausgetrocknet und danach von Eis bedeckt wurde.

Der Ötzi ist der älteste erhaltene menschliche Körper, der bisher gefunden wurde. Sogar Teile seiner Kleidung sind erhalten.

Fundort

Diese Mumie wird oft „Eismann“ genannt. Viele nennen sie aber auch „Ötzi“, nach seinem Fundort.

Ötztaler Alpen, Italien

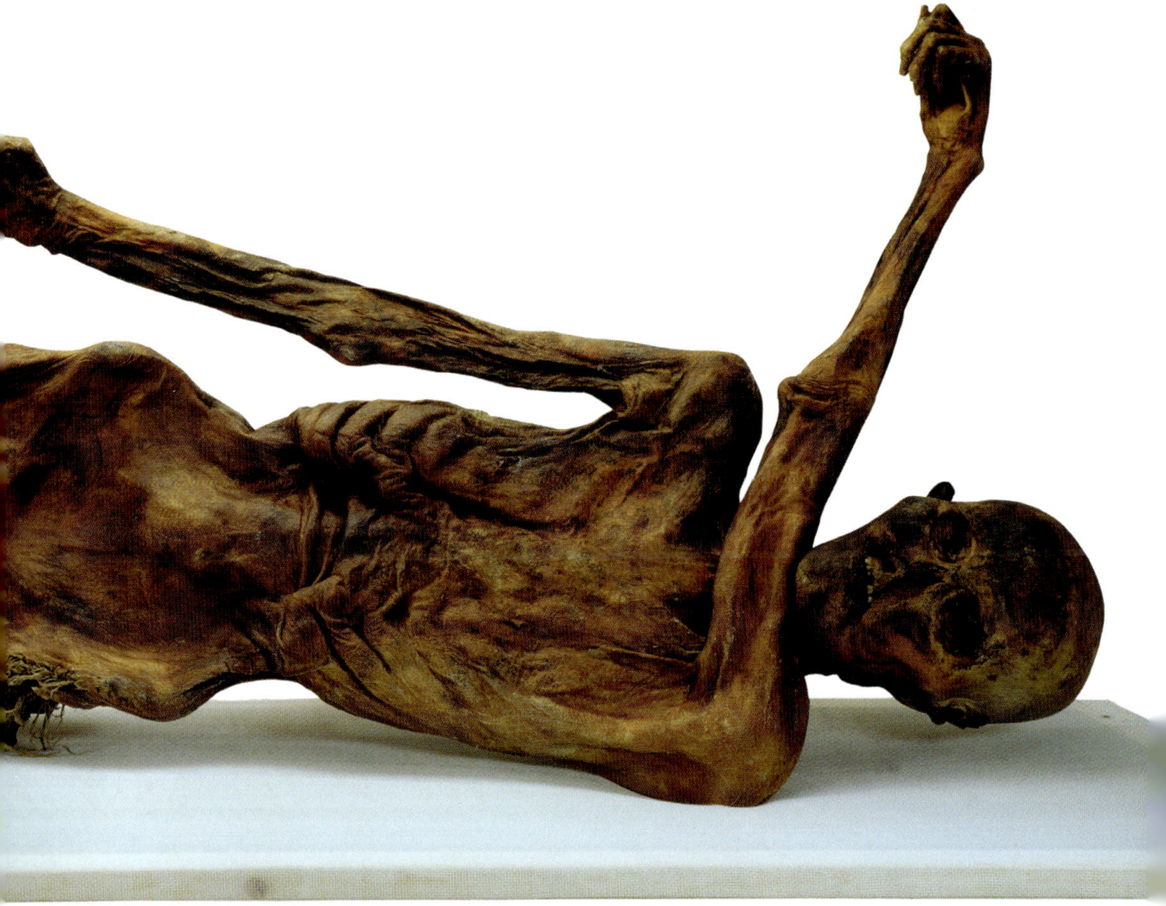

Die Kapuziner-katakomben

In Palermo, in Italien, gibt es ein seltsames Museum. Unter einem alten Kloster kann man Tausende von Mumien besichtigen. Die älteste ist die Mumie eines Mönches, der 1599 mumifiziert wurde. Eine der jüngsten ist die von einem Mädchen, das 1920 starb.

Fundort

Palermo ist die größte Stadt der süditalienischen Insel Sizilien. Kapuziner sind Mönche. Katakomben sind unterirdische Grabstätten, in denen viele Tote beerdigt wurden.

Anfangs wurden nur Mönche in Palermo mumifiziert. Später ließen auch reiche Menschen sich mumifizieren.

Quiz

Finde zu jedem Bild das passende Wort. Die Buchstaben sind etwas durcheinander geraten.

TUAMTEL

METKIMAZENU

RONTEFETE

NNUTHATMUAC

Glossar

Amulett: Ein Schmuckstück, das den, der es trägt, vor Bösem schützen soll

Archäologe: Ein Mensch, der Dinge aus der fernen Vergangenheit ausgräbt und erforscht

Kanopen: Behälter, in denen im alten Ägypten die Eingeweide von Mumien aufbewahrt wurden

Eingeweide: Die inneren Organe eines Menschen

Jenseits: Das Leben nach dem Tod oder das Reich der Toten, an das viele Menschen glauben

Kloster: Ein Ort, an dem religiöse Menschen leben

Mönch: Ein religiöser Mann, der zusammen mit anderen religiösen Männern in einem Kloster lebt

Nubien: Ein Gebiet in der Antike, das südlich an das alte Ägypten angrenzte. Heute liegt dort das Land Sudan.

Mumifiziert: Ein Leichnam, der von Menschenhand oder durch die Natur zu einer Mumie gemacht wurde, ist mumifiziert.

Pappmaschee: Ein sehr leichtes, aber festes Material aus Papier, Wasser und Klebstoff

Pharao: Ein Herrscher im alten Ägypten

Verwesen: Die Körper von Lebewesen zerfallen nach dem Tod. Sie verwesen.

Sarkophag: Ein Sarg im alten Ägypten

Register